PL Pellegrino

Smettere di lavorare a 50 anni (o prima)

Vuoi leggermi gratis?

bit.ly/miglioralatuavita

Copyright 2016

questo tipo di consulenze, deve rivolgersi a professionisti autorizzati. Anche se ogni sforzo è stato fatto per dare informazioni con la massima accuratezza, sono possibili errori, dimenticanze e cambiamenti successivi alla data in cui è stato redatto. L'autore e l'editore non si assumono nessuna responsabilità per eventuali danni derivanti in maniera reale o presunta dall'utilizzo di questo libro.

Come uscire dagli "schemi mentali" imposti dalla società e pensare in modo creativo

Hai mai provato a risolvere un rompicapo di logica?

La maggior parte delle volte la soluzione corretta non esiste, ma la strada giusta per decifrare l'indovinello che ti hanno proposto è quello di "uscire fuori dagli schemi".

Non è colpa tua, ma è la stessa società che già nell'infanzia ci propone uno stile di vita come se questo fosse l'unico accettabile.

"Studia, trovati un'occupazione stabile, lavora sodo e poi goditi la pensione quando sarai anziano". Quante volte hai sentito questo programma?

Ma questa non è l'unica strada da poter percorrere e non tutti vivono così.

Non è una questione di "fortuna" o di nascere in una famiglia ricca, ma di alternative che ti si presentano davanti e tra le quali devi per forza scegliere.

La soluzione per avere successo e vivere con soddisfazione la tua vita, infatti, è proprio quella di guardare oltre la visuale ristretta. Non fermarti alla proposta della società ma cerca soluzioni nuove e personalizzate per i tuoi bisogni.

Sei stanco di lavorare ogni giorno dalle 9 alle 17 per un capo che pretende troppo e concede poco? Vuoi lanciarti in un nuovo progetto che possa consentirti di vivere la tua vita, goderti i tuoi affetti e seguire le tue passioni?

Il modo esiste ma, come nei giochi di logica, bisogna capire alcune regole da seguire, "paletti" da non superare e, soprattutto, imparare a pensare con fantasia e creatività.

La domanda che devi rivolgere a te stesso è semplice: vuoi vivere per lavorare o lavorare per vivere?

Se quest'ultima è la tua risposta, allora, continua a leggere e segui i miei suggerimenti come una traccia per imparare a goderti la vita e non solo la vecchiaia.

Non serve, infatti, accumulare un ricco patrimonio se non riesci ad avere il tempo libero necessario per godertelo. Non sprecare le tue capacità ma mettile a frutto già da giovane per poterti godere il tuo patrimonio e non solo accumularlo.

Non aspettare di andare in pensione per poter trovare il tempo da concedere alla tua famiglia o al tuo hobby preferito ma, al contrario, dedica il giusto spazio ai tuoi piaceri quando ancora sei giovane e puoi apprezzarli in pieno.

Vale la pena di viaggiare solo quando avrai raggiunto la "terza età" e ti affaticherai dopo pochi passi o è meglio scoprire il mondo da giovani?

Questo è solo un esempio, ma che deve farti riflettere e capire se stai veramente seguendo i tuoi sogni o la strada più faticosa.

Cambia strategia e scegli la formula ideale per le tue esigenze.

Non si tratta solo del tempo libero o del lavoro che hai scelto di fare: è importante anche dedicare un po' di tempo nel valutare dei piani di investimento affidabili.

Con questi potrai contare su un "gruzzoletto" sicuro quando smetterai di lavorare e potrai accumulare i tuoi risparmi con soldi guadagnati sfruttando le tue passioni.

Un "extra" ancora più dolce perché lo potrai ottenere senza la sensazione di aver "faticato". Il beneficio più gradevole, del resto, è quello di ottenere il massimo risultato con il minimo sforzo. Con ciò non vuol dire soltanto lavorare poche ore al giorno, ma trascorrere con gioia il tempo dedicato all'attività remunerativa.

Thomas Carlyle sosteneva che l'uomo "felice" è colui il quale che ha trovato il "suo" lavoro.

Questa fortuna, secondo il parere dello storico e saggista scozzese, è sufficiente per poter godere in pieno della vita senza pretendere di "*chiedere altra felicità*". Quello che devi fare, dunque, è fermarti a riflettere su quello che ti piace fare e come raggiungere questo risultato.

Non rassegnarti al "*non c'è altra occasione per me*" ma, piuttosto, cambia le regole del gioco e diventa artefice del tuo destino.

A seguire *ti indicherò 9 regole* che potrai utilizzare come esempio per dare una svolta alla tua vita.

Regola 1. Accumula i tuoi risparmi senza troppe privazioni

Sei una cicala o una formica? Spendi tutti i tuoi guadagni come se avessi le "mani bucate" e non ti lasci nulla nel conto in banca o come una formica sei orientato a faticare tutta la vita per poi poterti godere una vecchiaia serena?

Attenzione! Non serve vivere venti, trenta o quarant'anni come Paperon de' Paperoni: non sai cosa ti riserva il futuro e se potrai goderti i tuoi risparmi quando sarai anziano. Cambia strategia: pensa in prospettiva senza, però, dimenticarti di vivere il presente mantenendo la gioia di vivere.

Non svegliarti ogni giorno con una smorfia di amarezza pensando a quello che ti aspetta ma cambia da subito il tuo stile di vita.

Segui il suggerimento del filosofo francese Jean-Paul Sartre: "*Il lavoro migliore non è quello che ti costerà di più, ma quello che ti riuscirà meglio*".

E' possibile trovare un punto di equilibrio tra le scelte di una "cicala" e quelle di una "formica": cerca di risparmiare il più possibile senza, però, vivere di stenti o sacrifici.

Dalle spese per la casa a quelle per il tempo libero: non è difficile economizzare nella vita di ogni giorno, basta solo fare un po' di attenzione.

A casa non lasciare le luci accese in una stanza vuota, non tenere il rubinetto aperto e l'acqua che scorre mentre ti lavi i denti e approfitta delle offerte speciali al supermercato o al mercato ortofrutticolo. Acquista cibi freschi invece di quelli pronti o precotti. Accendi gli elettrodomestici negli orari nei quali il costo dell'energia elettrica è più basso e cambia azienda o piano tariffario quando avrai l'occasione di risparmiare per telefonare o connetterti a internet.

La differenza di prezzo per ogni azione che svolgerai ti sembrerà minima ma, alla fine dell'anno, quantificata insieme a tutte le altre si trasformerà in un sostanzioso "gruzzoletto" di cui potrai disporre.

Entrato nell'ottica del giusto compromesso tra qualità e prezzo potrai riuscire a ridurre le spese anche per il tempo libero. Per le vacanze, in un'agenzia di viaggio o su internet, potrai trovare delle offerte speciali "last minute" che ti consentiranno di non sforare il budget che avevi pianificato ma avere molti vantaggi.

Esistono diversi portali che aiutano a selezionare l'offerta migliore

comparando tutte quelle presenti su internet. Tra questi i principali e più affidabili, solo per fare alcuni esempi,
sono Trivago, Booking o Venere.

Se non hai delle esigenze particolari o pretese eccessive potrai riuscire a trovare strutture di livello superiore rispetto a quelle che ti potresti permettere o allungare il soggiorno acquistando servizi per più giorni.

Le compagnie aeree, così come le grandi catene di hotel, non amano avere posti liberi così abbattono le tariffe rendendo i prezzi quasi "stracciati".

Allo stesso modo potrai abbattere i costi prenotando in largo anticipo o sfruttando coupon, offerte speciali e tariffe privilegiate.

Questo avviene in determinati periodi dell'anno o in orari ritenuti "scomodi" per la maggior parte delle persone.

Ma vale la pena partire all'alba o a notte fonda o a soggiornare in una camera che si trova nel punto più lontano del resort vacanziero se il costo totale viene ridotto anche fino al 70%? La risposta dovrebbe essere un sonoro "sì".

Regola 2. Investi ciò che risparmi in fondi pensione e investimenti a lungo termine

Per vivere una vita "da favola" dovrai prendere gli insegnamenti dalla storie che ti raccontavano da bambino.

Cosa puoi fare con i soldi che sei riuscito a risparmiare durante l'anno?

Il gatto e la volpe avevano suggerito a Pinocchio di non spenderli ma sotterrarli e attendere che spuntasse "*l'albero dagli zecchini d'oro*". I due erano dei furbacchioni pronti a derubare il povero burattino di legno ma il loro suggerimento non era affatto sbagliato: investire i propri risparmi consente di avere, al momento della pensione, un fondo al quale attingere e di cui disporre per piacere o bisogno.

Quando devi iniziare a risparmiare? Subito, anzi "ieri". Prima inizi a pianificare il tuo futuro economico e prima potrai avere la possibilità di andare in pensione e godere dei vantaggi.

Esistono diverse forme di investimento proposte da istituti di credito (in generale identificati con le banche) e agenzie di assicurazione e devi solo scegliere quella che si adatta meglio alle tue esigenze.

Il decreto legislativo n. 58 del 24 febbraio 1998 è una normativa nella quale sono indicate le disposizioni in materia di intermediazione finanziaria alle quali ogni istituto di credito deve attenersi. Non importa saper leggere tra le righe di questa legge ma, quel che conta, è che il fondo sia affidabile.

Investimenti sicuri o rischiosi?

Il tuo motto deve diventare: "*pianifica la tua vita e poi cerca di realizzarla*" e se nei tuoi progetti c'è quello di diventare un "baby pensionato" che sa godersi la vita è meglio evitare brutte sorprese.

I fondi pensione e gli investimenti a lungo termine con tasso di interesse garantito (definiti fondi indicizzati) sono certamente meno remunerativi rispetto ad altri pacchetti creditizi ma permettono di fare "sonni tranquilli".

Ma di cosa si tratta?

Al di là delle caratteristiche specifiche di ciascuna tipologia di fondo sia l'integrazione della pensione sia gli investimenti a lungo termine devono essere visti come un "bonus" aggiuntivo. Quest'ultimo andrà ad arricchire il tradizionale – e talvolta troppo scarso – contributo pensionistico statale.

I **fondi pensione**, proposti da diverse agenzie e istituti di credito, possono essere considerati delle valide integrazioni al sistema previdenziale pubblico.

Al pari del contributo erogato dallo Stato anche il fondo privato prevede dei versamenti periodici che potranno essere riscattati raggiunta l'età della pensione.

A questo punto, tra l'offerta del settore pubblico e quello privato, esistono molte differenze sia per quanto riguarda il pagamento periodico sia il riscatto.

A variare sono sia la somma da versare durante gli anni di servizio sia la frequenza dei versamenti.

Questi ultimi sono stabiliti nelle condizioni proposte dal prodotto assicurativo.

Il mercato del lavoro è in evoluzione e orientato a forme sempre più flessibili.

Un aspetto che non hanno trascurato le aziende di assicurazione e gli istituti di credito che hanno predisposto dei fondi per consentire non solo l'accumulo dei contributi dovuti dal datore di lavoro (quello che viene chiamato TFR, cioè "Trattamento di Fine Rapporto"), ma anche il versamento di denaro "extra".

Se riesci a guadagnare dei soldi con le tue passioni e scegli non spenderli subito, ma di reinvestirli nel piano pensionistico potrai andare ad arricchire il premio finale.

I fondi versati, a differenza di un comune piano di accumulo in un istituto di credito, non potranno essere riscattati se non alla fine degli anni di servizio.

Al momento del riscatto potrai decidere se ritirare l'intera somma accumulata e utilizzarla per goderti la vita e passarti qualche "sfizio" che ancora non sei riuscito a soddisfare oppure ricevere dei pagamenti mensili.

L'assegno mensile che potrai ricevere sarà proporzionato al totale dei versamenti obbligatori e volontari che avrai fatto nel tempo. Un calcolo veloce, trasparente e che puoi sempre verificare per avere l'idea della bonus di cui potrai disporre durante gli anni della meritata pensione.

Integrare la quota scegliendo di trasferire il TFR al fondo pensione, inoltre, ti consentirà di accumulare somme senza vederle uscire immediatamente dal portafoglio.

Licenziamento, dimissioni volontarie o cessione aziendale: non importa perché finisce il tuo rapporto di lavoro, il tuo "capo" sarà tenuto a versarti una somma proporzionata al tempo di servizio svolto. Si tratta, orientativamente, di una mensilità per ogni anno di lavoro che avrai completato in quell'azienda. E la scelta di spostare il TFR nel fondo pensione ti garantisce soprattutto se lavori nel settore privato: in caso di fallimento o chiusura dell'azienda i tuoi risparmi saranno al sicuro.

Questo piano di accumulo può essere una soluzione efficace anche se non sei un dipendente "regolare", ma lavori con contratti a progetto o sei un professionista autonomo.

In questi casi, infatti, non ti spetta nessun TFR e sarai tu a dover rinunciare a una fetta dei tuoi guadagni pensando, come una formica, al futuro.

Ma ricorda sempre la tua filosofia di vita: pensa alla sicurezza del futuro mentre ti godi il presente.

A una differente tipologia, invece, appartengono i **fondi indicizzati**. Si tratta di comuni investimenti a lungo termine mediamente sicuri perché si "accontentano" di seguire gli indici di mercato senza "azzardare" con più rischiosi investimenti in Borsa.

L'istituto di credito al quale tu affiderai i tuoi risparmi, quindi, non mirerà a migliorare il "benchmark" (termine usato per indicare l'indice di riferimento di un singolo titolo quotato in Borsa) ma, in modo "passivo", seguirà l'andamento generale del mercato. Ne deriva un rendimento più basso rispetto ai tradizionali investimenti ma ha il vantaggio di avere una percentuale di rischio minima.

E il tutto con delle commissioni bassissime: quello che ti verrà addebitato, infatti, sarà solo il costo di gestione che si aggira tra lo 0,20% e 0,95% a seconda del contratto stipulato.

Il fondo, in sintesi, segue il mercato in generale e in momenti di crisi se questo è in passivo allora registrerai una lieve perdita ma se il trand globale è positivo allora il tuo investimento sarà in attivo. "Pollice su" a prescindere dalle quotazioni delle singole aziende: quello che ti interessa affinché il tuo investimento cresca è soltanto il quadro generale di tutte le operazioni.

La cosa importante che devi capire, se scegli questo tipo di fondo a me tanto caro, è che bisogna guardare in prospettiva e nel lungo termine.

Se intendi investire, ma utilizzare i risparmi in futuro, allora sottoscrivi subito il contratto e riscuoti solo quando sceglierai di andare in pensione, non prima.

Il mercato azionario, infatti, è come un'onda che scende ma poi risale: con questo fondo avrai il brivido del rischio senza il terrore di perdere tutto ma devi avere pazienza che arrivi la corrente giusta.

Proprio questa caratteristica rende il prodotto appetibile per i piccoli risparmiatori che non amano i fondi classici (come quello integrativo per la pensione appena descritto) e non hanno fretta di riscattare subito i risparmi investiti.

Prima di sottoscrivere il contratto, però, verifica con certezza se il fondo comune che ti hanno proposto è effettivamente indicizzato e riconosciuto come tale o se si tratta di un comune investimento da utilizzare con i singoli titoli in Borsa.

I risultati registrati con questo tipo di fondo indicizzato sono molto positivi perché, seguendo il mercato, evitano errori di valutazione "umana".

Nei tradizionali fondi di investimento, infatti, è il gestore del fondo (ad esempio la banca) a decidere dove investire e quanto rischiare.

In questo caso, se il titolo dovesse crollare in Borsa i tuoi risparmi andrebbero in fumo. Questo, però, non succede con i fondi indicizzati che seguono l'andamento generale del mercato come una barca a vela nel mare.

Regola 3. Trasforma le tue passioni in guadagni

Ti piace ricamare centrini all'uncinetto? Confezionare confetti ti rilassa? Ami la fotografia digitale? Sai dipingere miniature? Crei divertenti video per poi caricarli su youtube? Ami scrivere libri e pubblicarli su Amazon o StreetLib?

Impara a trasformare le tue passioni in "moneta sonante" e riuscirai a guadagnarti quegli "extra" che ti aiuteranno ad aumentare i tuoi risparmi e andare prima in pensione.

Pensa alle tue capacità, a quello che sai fare ma che soprattutto ti piace fare.

Con una buona strategia tutto può trasformarsi in un'idea di business sul quale guadagnare.

Non dimenticare che Mark Zuckerberg, ideatore di Facebook, all'inizio voleva soltanto creare un programma che mettesse in relazione gli studenti della sua università.

In pochi anni il social network si è trasformato in un impero economico e trasformato il giovane in uno degli uomini più ricchi del mondo.

Prima di iniziare devi capire se la tua "abilità" può essere commercializzata con il "passa parola" locale, nel Comune dove vivi, o sul web.

Non escludere nemmeno la possibilità di lanciarti nei due mondi contemporaneamente e di poterti vendere al miglior offerente!

Ricorda: il futuro è nelle mani di chi sa usare la tecnologia e sa sfruttarla per i propri guadagni.

Per lanciarti in un nuovo progetto su internet bisogna che tu ti documenti bene: quale template scegliere per il tuo blog, quale canale è più articolato per pubblicare il tuo e-book, quale sito ha la migliore visibilità per vendere le tue fotografie o dove trovare gli acquirenti "di nicchia" ai quali piacciono le tue creazioni e sono disposti a comprarle.

Non dimenticare nemmeno i molto commerciali canali di vendita Amazon ed eBay.

Per scegliere il canale adatto per iniziare a promuovere i tuoi prodotti stai attento ad evitare spiacevoli sorprese: ricorda di leggere bene le condizioni di utilizzo, i costi addebitati direttamente a te, le modalità di pagamento e di invio dei prodotti, le condizioni per recidere il contratto.

Saper guadagnare con le proprie passioni non vuol dire andare alla cieca senza seguire un criterio logico ma programmarsi un piano di lavoro efficace e vincente.

Ai neo imprenditori (e tu lo devi essere di te stesso) viene insegnato a prendere esempio dalle "best practies", cioè, i casi vincenti di chi ha avuto successo.

E allora via, vai su blog, forum tematici e qualsiasi canale che ti possa aiutare a capire come trasformare la tua passione in denaro da guadagnare e poi spendere.

La mia esperienza

Io ad esempio scrivo circa due ebook al mese (alcuni li pubblico sono pseudonimo) e so che, più ebook riesco ad accumulare, più le mie entrare "extra" cresceranno.

Tutto è nato quando ho iniziato a leggere i libri di Pierluigi Tamanini, capitando per caso sul suo blog www.pierluigitamanini.com

All'inizio era scettico, quando diceva di guadagnare centinaia di euro al mese mi dicevo: "*Impossibile!*"

Poi ho cominciato a crederci veramente, a leggere i suoi libri su come diventare "scrittore indie" e devo dire che mi sta letteralmente cambiando la vita.

Lo considero il mio "motivautore": senza la sua spinta motivazionale sarei ancora una persona talentuosa, ma indecisa sul da farsi. Invece ora riempio il mio tempo libero scrivendo e questo mi dà soddisfazione e mi rende più felice di come sto portando avanti la vita.

Anche se non ti piace scrivere, ci sono un sacco di possibilità per "fare soldi extra": io ad esempio ho iniziato a pubblicare anche video su Youtube e a vendere le mie fotografie su vari siti!

Il segreto è passare all'azione subito, ora.

Se non sai come iniziare, studia! Leggi libri sull'argomento, cerca gruppi Facebook (spesso in lingua inglese) o forum dove imparare i "trucchi del mestiere".

Formati, impara, cresci... e vedrai che sarai presto ricompensato/a!

Tornando a noi...

Soprattutto se lavori su internet (assolutamente consigliato), devi capire come funziona la disciplina del "copyright" e come proteggere il tuo lavoro rendendolo unico.

Questo è un principio valido soprattutto se vuoi scrivere e-book o vendere le tue fotografie.

Ci sono alcuni piccoli "trucchi" del mestiere che puoi utilizzare come, ad esempio, usare il PDF che non può essere selezionato con il cursore o mettere in trasparenza la tua firma nella fotografia scattata.

Puoi scegliere, però, anche la possibilità di rendere i tuoi prodotti utilizzabili da tutti.

In questo caso, se scegli di guadagnare con la visibilità (e la pubblicità che ne deriva) puoi chiedere, come unica condizione, quella di mettere un "link dofollow" sul tuo sito internet, pagina web o profilo social.

Da questi contatti potrebbe nascere una rete di relazioni che ti porterà guadagni futuri.

L'investimento include anche l'aumento della **visibilità personale**.

Se sai creare video tutorial, magari perché sei molto bravo in cucina (in questo periodo la moda del cake design è molto seguita), sai aggiustare ogni cosa o sai trovare ogni tranello presente nei videogames, invece che a caricarli gratuitamente su Youtube o Udemy e/o puoi provare a venderli ad aziende che hanno un sito internet tematico ben articolato ma povero di contenuti mediatici.

In questo modo semplicemente vivendo la vita di ogni giorno con una telecamera accesa puoi trasformare il tuo tempo libero in guadagno.

Tutto questo mentre stai giocando con i tuoi figli o stai preparando un pranzo per gli ospiti. Un modo per ottimizzare i tempi e ricavare guadagni.

Rifletti con attenzione e valuta bene il tuo "prezzo": non svalutarti o sarai tu a sfruttarti da solo.

Non accettare ogni offerta che ti si presenta davanti ma valuta bene le singole proposte con un piano di costi e benefici.

Non si tratta solo dell'acquisto dei materiali ma, soprattutto per i servizi, è importante capire il tempo investito.

Accetta solo se il costo è equo al compito che devi svolgere ma non puntare troppo in alto o nessuno acquisterà i tuoi servizi o i tuoi prodotti.

Abbassare di poco il prezzo talvolta diventa la strategia vincente per guadagnare puntando sulla quantità.

Se ti chiedono di realizzare un video tutorial o di scrivere i contenuti per un blog devi valutare le ore che impiegherai per realizzare il lavoro e valutare se il prezzo è adeguato alle tue aspettative.

Non guardare solo al bonifico finale che riceverai ma quanti pezzi ti chiedono di produrre a prescindere che si tratti di fotografie o bomboniere per un evento.

Se la cosa ti piace e il tempo impiegato è adeguato al guadagno finale allora conferma l'offerta e mettiti subito al lavoro: il tempo è denaro!

Regola 4. Calcola quanto soldi ti servono per vivere la pensione con dignità e brio, e fermati quando li avrai guadagnati

Come voglio vivere la mia vita da pensionato? Cosa desidero fare? Quanti soldi mi servono per realizzare questi desideri? Il mio obiettivo è raggiungibile?

A queste domande che hai appena letto dovresti aver risposto già a 13 o massimo 18 anni (in una società ideale).

Conclusa la scuola dell'obbligo o una volta scelto il percorso di scuola media secondaria, qualsiasi giovane, a prescindere dal sesso o dal ceto sociale, deve scegliere "cosa vuole fare da grande".

L'interrogativo mira a capire quale lavoro desidera fare un giovane ma, in realtà, bisognerebbe chiedergli anche *"come vuole trascorrere il suo tempo libero dopo essere andato in pensione"*.

La risposta dovrebbe essere uguale per tutti: libertà e autonomia.

Si tratta proprio di un bel progetto, ma come puoi riuscire a metterlo in pratica?

Le direzioni sono due perché, dopo la partenza, devi scegliere se "volare in alto" o "mantenerti a bassa quota".

Nella **prima opzione** ti troveresti a dover lavorare sodo per diversi decenni senza concederti svaghi o tempo libero e, alla fine, riuscendo a ottenere una posizione di prestigio (senza trascurare una buona dose di fortuna), potresti goderti una ricca pensione. Ma si sa, questa strada è molto lunga e tortuosa e il risultato non è mai assicurato. Rischieresti di sacrificare un'intera vita e andare in pensione in età avanzata.

La **seconda scelta**, invece, consente di valutare un percorso con obiettivi meno ambiti ma di vivere tutta la vita in modo piacevole e goderti la pensione con brio e mantenere uno stile di vita dignitoso.

Una casa accogliente tutta tua e tempo libero per poter svolgere i tuoi hobby, cosa serve di più dalla vita?

"Mantenersi a bassa quota", infatti, non significa necessariamente vivere male o in uno stato di disagio economico ma semplicemente avere una differente scala di valori da seguire.

Quel che conta è che tu riesca a ritagliarti del tempo libero e a procurarti le risorse economiche per qualche viaggio o per portare avanti le tue passioni.

Se hai scelto veramente di andare in pensione giovane, però, devi fare bene i tuoi calcoli e non rischiare di rimanere "al verde" quando ormai sei in età avanzata.

Traccia un piano con i tuoi bisogni economici, sommalo alle aspettative di vita, aggiungi qualche cifra extra per eventuali imprevisti e avrai il budget necessario per poter vivere bene la tua pensione.

Nel calcolo dei tuoi bisogni economici non dimenticare di includere i costi della gestione della casa, come ad esempio le bollette ma anche la manutenzione ordinaria, straordinaria ed eventuali spese condominiali.

Non essere avido, quando avrai raggiunto quanto ti serve per vivere in modo agiato, senza stenti e con tranquillità, fermati: **il lavoro è solo un mezzo per raggiungere un fine superiore, quello di godersi la vita.**

Raggiunta l'età pensionabile, secondo i criteri dettati dalle leggi in vigore in futuro (ovvero non prima dei 70 anni a voler essere ottimisti...), potrai ottenere il contributo pensionistico.

Come è stato già sottolineato in precedenza questo sarà proporzionato ai versamenti effettuati negli anni da te (se sei stato un libero professionista) o dal tuo datore di lavoro (a prescindere se eri un dipendente pubblico, privato o assunto con un altro tipo di contratto).

Sul portale dell'Inps in qualsiasi momento è possibile calcolare l'ammontare della pensione che ti spetterà in futuro e avere un'idea esatta del budget a tua disposizione.

A questi soldi potrai aggiungere gli "extra" che, grazie ai tuoi risparmi e senza sacrifici, sei riuscito ad accumulare nel tempo.

Anche con i fondi pensionistici avrai un'idea esatta di quanto potrai riscattare in un'unica soluzione o ricevere dilazionato nel tempo.

Differente, invece, è il caso degli investimenti a lungo termine che, proprio perché influenzati dal mercato, non potranno darti un'idea precisa sulla somma di cui potrai disporre.

Saper scegliere un buon fondo indicizzato (come ti abbiamo già spiegato nella regola 2) vuol dire poter disporre di un investimento dalle bassissime commissioni ma da **un interesse netto che può raggiungere il 4% annuo**.

E' importante, quindi, valutando in prospettiva la tua vita, che tu scelga di **"esporti" un po' di più nella somma da destinare al fondo indicizzato** in modo che, nel tempo, i guadagni possano essere sempre più redditizi.

La differenza, infatti, non viene calcolata nel singolo anno solare ma, come un buon cavallo da corsa, si nota nel tempo.

Un piccolo sacrificio iniziale, quindi, ti può portare una grande soddisfazione quando riscuoterai la somma aumentata degli interessi ottenuti in qualche decennio.

Regola 5. Calcola a quanti anni vuoi andare in pensione e scrivi la frase "Io andrò in pensione a XX anni"

Fissa il tuo obiettivo, scrivilo "nero su bianco" e consideralo come un impegno serio da rispettare.

Nell'antica Roma era famoso il proverbio "*Verba volant, scripta manent*" per indicare come le parole "volano" e possono essere dimenticate o rinnegate mentre quello che viene scritto su un foglio rimane sempre chiaro e indelebile nel tempo.

Un esempio che è utile seguire.

Prendi un foglio e scrivi quando vorrai andare in pensione. Non servono frasi complesse, basta solo scrivere: "io andrò in pensione a XX anni" e conservare il foglio ben in vista.

Non importa se riporrai il pezzo di carta nel tuo comodino o nel mobile del tuo studio, non c'è una regola precisa purché questo promemoria sia sempre ben in vista e non si trasformi in una promessa non mantenuta.

Impara a rispettare te stesso e il tuo futuro cercando di capire come desideri vivere nei prossimi decenni e quando vorrai goderti il meritato tempo libero.

Star bene con sé stessi ha la priorità su tutto perché se ti manca la serenità e il tempo libero non potrai nemmeno avere

la possibilità di dedicarti agli altri.

Non importa se hai scritto che desideri andare in pensione a 40, 50 o 60 anni: devi stilare un piano e rispettarlo nel tempo o non riuscirai a mantenere il tuo impegno.

Io ad esempio punto a farlo a 48 anni.

So che non sarà una passeggiata, ma mi sto impegnando in questa direzione.

A 40 anni suonati ho un'entrata passiva grazie ai libri che pubblico di circa 300 euro. Ma è una cifra che continua a crescere di mese in mese e, se arriverà a 1500€, potrò andare in pensione anche prima dei 48 anni.

Il trucco, come diceva il grande Napoleon Hill, è scegliere un metodo e seguirlo con tenacia!

Nella regola 4 ti abbiamo spiegato l'importanza di calcolare i tuoi bisogni economici in modo che, dopo essere andato in pensione giovane, tu possa vivere il resto della tua vita in modo spensierato.

Attenzione: meno tempo vuoi lavorare (prima di andare in pensione) più dovrai faticare per raggiungere il budget necessario al sostentamento tuo e della tua famiglia.

Non fissare degli obiettivi irraggiungibili: **il fallimento non deve fare parte di tuoi progetti.**

Se pianifichi il tuo futuro a 18 anni, dopo aver conseguito il diploma di maturità, a meno che non hai in mente un'idea rivoluzionaria che può diventare un fenomeno di massa (abbiamo citato l'esempio di Facebook nella regola 3) è molto difficile che riuscirai a guadagnare quanto ti basta per la pensione entro i 30 anni.

A meno che tu non segua i dettami della "decrescita felice". Risparmiando il 75% circa del tuo stipendio (se fai un paio di calcoli) ti accorgerai che puoi davvero andare in pensione a 30 anni.

Inoltre se, una volta in pensione, continui a dedicarti alle tue passioni avrai ancora un'entrata extra, oltre ai soldi che avrai risparmiato e investito in un fondo indicizzato!

Inoltre se hai anche la fortuna di ereditare una casa o un piccolo patrimonio, il gioco è fatto! ^__^

Ti faccio un esempio da prendere con le pinze, si tratta solo di una bozza scritta al volo per farti riflettere su tale possibilità.

Ammettiamo che tu abbia iniziato a lavorare a 25 anni e da quel momento tu abbia sempre, in media, risparmiato il 75% del tuo stipendio grazie a mercatini dell'usato, car sharing, biblioteche, coltivazione diretta, attenzione al risparmio...

Indifferentemente da quanto tu abbia guadagnato (1000€ o 3000e non importa), tu potrai vivere altri 45 anni senza lavorare.

Perché?

Semplice: spendendo in 15 anni solo 1/4 dello stipendio, potrai spendere (senza lavorare!) i 3/4 rimanenti in15x3 anni, ovvero 45 anni.

Sembra incredibile, ma è matematica!

E questo senza contare i soldi extra con le tue passioni, i ricavi dall'investire il denaro risparmiato in fondi indicizzati e, soprattutto, la possibilità di risparmiare ancora di più in "pensione", in quanto si avrebbe tutta la giornata libera!

Non te l'aspettavi è?

La prima volta che ho realizzato tale strategia, era davvero basito e felicissimo!

Come procedere?

Traccia un piano realistico e valuta le aspettative di vita o rischierai di dilapidare i tuoi guadagni e doverti rimettere a cercare nuove fonti di guadagno a 50 o 60 anni quando ormai sarai fuori dal mercato del lavoro.

La scelta di anticipare l'età della pensione rispetto a quella prevista dalla legge comporta delle difficoltà logistiche di tipo economico che devi tenere in considerazione.

Innanzitutto ricorda che potrai iniziare a ricevere il contributo previdenziale erogato dallo Stato soltanto quando avrai raggiunto determinati requisiti.

Attualmente la legge prevede che i lavoratori debbano raggiungere 41 anni e un mese di anzianità se sono uomini o 42 anni e un mese se sono donne. Numeri che certamente aumenteranno in proporzione alle aspettative di vita.

Vuoi veramente vivere la metà della tua esistenza lavorando tutto il giorno per arricchire qualcun altro o vuoi dare una drastica svolta alle tue abitudini e trasformarti in una persona veramente felice e soddisfatta?

Nel caso in cui scegli di andare in pensione prima del tempo avrai la necessità di disporre di introiti aggiuntivi per poter vivere con serenità, finché non arriverà il meritato assegno dello Stato.

Un secondo aspetto che devi considerare è la somma che riceverai come contributo pensionistico. Dato che questo sarà calcolato in proporzione agli anni di servizio e alle somme versate nel tempo se scegli di dimetterti dopo pochi anni sappi che riceverai un assegno mensile molto basso o inesistente.

Diverso è il caso dei fondi pensione che, come precedentemente spiegato nella regola 2, possono essere arricchiti con dei contributi volontari.

Continuando con i versamenti tali investimenti possono crescere di valore e non soltanto grazie agli interessi previsti dal contratto stipulato.

Regola 6. Sei in pensione? Rimodula il tuo tempo e fai ciò che ti piace

La paura che frena molte persone nell'andare in pensione troppo presto è il timore di annoiarsi e di non sapere come trascorrere il tempo.

Come abbiamo accennato nella regola 3, gli "esempi di successo" degli altri devono diventare delle proposte vincenti da seguire se desideri essere sempre felice.

Non importa se si tratta di idee "copiate da altri" e non "originali" perché quello che conta è che ti facciano stare bene con te stesso e i tuoi cari.

Non hai mai avuto abbastanza tempo per leggere tutta la collezione di libri del tuo autore preferito? Sei appassionato di serie televisive ma non sei mai riuscito a seguirle? Ti piace il contatto con la natura e le passeggiate all'aria aperta?

Adesso potrai dedicarti a queste attività che prima avevi accantonato.

L'elenco di cose da poter fare è così vasto che avrai solo l'imbarazzo della scelta e, se questo non ti basta, potrai trovare altre occasioni da sfruttare ma sempre seguendo le tue passioni e interessi.

Puoi scegliere di dedicarti agli altri con lavoretti socialmente utili, associazioni religiose o di volontariato ma questo non ti preclude la possibilità di continuare a sfruttare le tue passioni guadagnando qualcosina.

Raggiunta la pensione, se avrai seguito bene il programma che ti eri prefissato, sei ancora giovane e hai da parte il gruzzoletto che ti serve per poter vivere tranquillamente, nessuno ti impedisce di continuare ad arrotondare.

Scomparsa la pressione che potevi avere nel tentativo di risparmiare per il futuro, adesso potrai scegliere di fare quello che desideri senza avere alcun budget da raggiungere.

I soldi che riuscirai a guadagnare ti serviranno per poterti concedere qualche altro piacere.

Un viaggio extra, ad esempio, ma anche qualche abito nuovo, cene al ristorante e nulla ti vieta di fissarti un altro obiettivo a medio termine.

Vuoi una macchina nuova? Ti servirà qualche anno ma anche questo obiettivo potrebbe essere realizzabile.

Ma come fare a guadagnare qualche extra?

I tuoi vicini di casa possono diventare una fonte di reddito e la vita frenetica che gli altri continuano a vivere ti può tornare utile.

Puoi proporti di andare a fare la spesa al mercato ortofrutticolo, al supermercato o pagare le bollette. Sono tutti compiti che dovrai fare per te stesso e mentre sbrighi le tue commissioni potrai completare quelle degli altri.

Un'altra opzione che ti può far sentire utile per gli altri e farti trascorrere del tempo in modo piacevole è quello di cucinare per gli altri. Single e genitori lavoratori, spesso, non hanno il tempo di tornare a casa e cucinare piatti freschi e finiscono troppo spesso per acquistare quelli precotti.

Se ti piace cucinare puoi proporti per preparare minestroni, pasta al forno o dolci fatti in casa e sarai tu a scegliere quanti pasti vendere ogni settimana.

Sempre per le famiglie puoi proporti come "nonno sitter", un vantaggio soprattutto se vivi in una grande città o conosci coppie che si sono allontanate dai loro familiari per motivi di lavoro.

La tua esperienza di vita e le tue abilità personali potranno tornarti utili per accudire un bambino.

Anche un passaggio per andare a scuola o a frequentare attività extrascolastiche può trasformarsi in una fonte di guadagno. In questo modo tutti potranno essere soddisfatti: i genitori avranno la garanzia di una figura amorevole e affidabile e tu godrai di un passatempo remunerativo.

La fiducia e la stima reciproca sarà la base del tuo rapporto con gli altri e non ti serviranno altre referenze se non te stesso, la tua serenità e il tuo sorriso.

Se ami il giardinaggio, anche se sei in città, potresti proporti di curare il verde condominiale o i giardini dei vicini: un modo per stare all'aria aperta e che non ti impegnerà troppo tempo.

Come farti pagare? Potresti accordarti con un rimborso mensile proporzionato all'impegno e alle spese sostenute o, se ti imbarazza ricevere soldi da chi conosci, potresti invitarlo a saldare la tua quota condominiale. In questo modo non ci sarà alcun passaggio di denaro ma un sicuro tornaconto personale.

Regola 7. Il part time, una valida alternativa al pensionamento anticipato

Una valida alternativa al pensionamento anticipato è la conversione dell'orario di lavoro da full time a part time.

Una buona soluzione se desideri avere del tempo a disposizione per dedicarti alle tue passioni, ma non sei ancora pronto psicologicamente o economicamente ad andare in pensione.

Non c'è età per rifiutare un lavoro a tempo pieno e andare alla ricerca soltanto di occasioni professionali che ti impegnino al massimo mezza giornata.

Questa è una scelta che puoi trasformare in uno stile di vita già da giovane o, invece, sposare in età matura.

In quest'ultimo caso avrai il vantaggio di aver acquisito una tua formazione professionale, esperienza e credibilità.

La trasformazione del rapporto di lavoro da full time a part time è una condizione già prevista nella legge di stabilità del 2016 per quei lavoratori che stanno per raggiungere l'età pensionabile.

Tre anni prima della richiesta di pensionamento, infatti, i dipendenti del settore pubblico o privato potranno chiedere al proprio datore di lavoro di ridurre l'orario di lavoro.

La normativa tutela il lavoratore garantendogli lo stesso stipendio e nessuno slittamento dell'età pensionabile.

Ma questo non è il caso di chi, come te, vuole andare in pensione giovane. Per concederti tempo e spazio per curare i tuoi interessi e affetti devi, ancora una volta, sederti a un tavolo e, con carta e calcolatrice fare bene i conti con i tuoi bisogni economici e individuare la strategia da adottare.

La legge n. 208 del 2015 concede a qualsiasi lavoratore dipendente la possibilità di chiedere la trasformazione del proprio contratto di lavoro in un part time.

Questa richiesta, però, deve essere approvata e sottoscritta dal tuo datore di lavoro che, purtroppo, non è obbligato ad accettarla.

In caso negativo, se vuoi continuare con questo intento, dovrai andare alla ricerca di un'altra occupazione e proporti da subito come lavoratore part time o autonomo; per questa categoria, infatti, non è prevista alcuna imposizione di orari prestabiliti e ti consente una maggiore libertà di movimento.

Se viene accettata la tua richiesta di part time, in base alle esigenze dell'azienda per la quale lavori, puoi distribuire il tuo orario di lavoro scegliendo una modalità di tipo:

- *orizzontale*. Le ore di lavoro sono distribuite solo in una fascia oraria (ad esempio la mattina o il pomeriggio);

- *verticale*. Puoi lavorare solo in determinati giorni della settimana nei quali svolgerai un orario pieno;

- *misto*. E' caratterizzato da un'alternanza di tempo orizzontale e verticale in base alle necessità del lavoratore e dell'azienda.

Le *note dolenti* per questa scelta sono principalmente due: **gli anni di contribuzione possono essere dimezzati ritardando il raggiungimento dell'età pensionabile e lo stipendio percepito.**

In quest'ultimo caso non c'è niente da aggiungere: ogni persona guadagna in proporzione alle ore effettivamente svolte e se scegli di lavorare metà del tempo rispetto ai tuoi colleghi non puoi lamentarti se in busta paga alla fine del mese troverai una somma dimezzata.

Nel tuo calcolo patrimoniale per il futuro descritto nella regola 4, dovrai tenere conto anche di questo.

Il vantaggioso rovescio della medaglia, però, è che avrai molto tempo libero da poter occupare seguendo i tuoi interessi e, come descritto nella regola 5, poter guadagnare qualche extra da spendere o investire per il futuro.

Più complesso, invece, è l'aspetto degli anni di contribuzione per raggiungere l'età pensionabile.

In questo caso è bene che tu ti faccia consigliare dal tuo

commercialista di fiducia o da un CAF (i centri di assistenza fiscale a disposizione di tutti i cittadini) per stabilire la quantità di ore da svolgere.

La legge, infatti, fissa un minimo di guadagno settimanale al di sotto del quale non bisogna scendere se vuoi che le tue giornate lavorative siano conteggiate come quelle dei lavoratori full time.

Se si ottiene o si supera quella somma anche di un solo centesimo allora non ci sarà alcuna differenza tra i lavoratori part time e quelli full time, almeno per quanto riguarda il calcolo dell'età pensionabile.

Se, invece, scendi al di sotto di quella soglia anche se lavori per 12 mesi te ne saranno conteggiati soltanto 6. Una condizione che allontana l'età pensionabile e ti obbligherà a lavorare per più tempo anche se con un orario ridotto.

Regola 8. Mantieni le promesse che hai fatto a te stesso e aiutati con delle check list

Dopo aver pianificato con attenzione il futuro, valutato i fondi di investimento adatti alle tue esigenze e disponibilità economiche, individuato le passioni che ti possono far fruttare un guadagno aggiuntivo e analizzato il tempo che dedicherai alla tua occupazione principale cosa ti manca di fare?

Semplice a dirsi ma un po' meno a farsi: rispettare gli obiettivi che ti sei prefissato.

Se scegli questa strada devi proseguirla fino in fondo altrimenti arriverà il momento in cui tu avresti voluto andare in pensione ma ti ritrovi senza i risparmi necessari per poter vivere con serenità il resto della vita.

E' per questo motivo che nella regola 5 ti abbiamo suggerito di scrivere su un biglietto i tuoi propositi e di lasciare quel foglio bene in vista.

Allo stesso modo non lasciarti prendere dall'euforia e lavorare senza sosta senza riuscire a goderti la vita.

Crea delle priorità e impara a rispettarle: non fermarti prima di averle ottenute, ma chiudi tutto e vai a divertirti con gli amici, leggi un libro o sviluppa qualche passatempo piacevole non appena avrai concluso il tuo dovere.

Nulla di diverso di quello che facevi quando andavi a scuola. Gli insegnanti presentavano all'inizio dell'anno un documento scritto con il programma didattico e gli obiettivi da raggiungere periodicamente. A te, come a tutti i tuoi compagni, era chiesto di svolgere i compiti giornalmente ed essere interrogati periodicamente per verificare se la lezione era stata bene compresa. Alla fine dell'anno potevi essere promosso solo se avevi dimostrato di aver assimilato tutto il programma e raggiunto i tuoi obiettivi.

E se eri stato particolarmente brillante a imparare la lezione prima degli altri nessuno ti chiedeva di andare avanti con il programma ma, al contrario, ti inviata a rilassarti e goderti il meritato riposo.

Un buon metodo che devi saper portare avanti con check list personalizzate e periodiche.

Nulla di astratto ma tutto basato su un semplice calcolo matematico da dover distribuire nell'arco degli anni, mesi, settimane e giorni.

Ci saranno i momenti di ferie, quelli dedicati al relax e gli imprevisti di salute che ti impediranno di concludere quello che ti eri prefissato di fare, ma non lasciarti tentare ad andare oltre.

Recuperati gli arretrati o conclusi in anticipo i compiti che non potrai svolgere nei giorni seguenti è importante fermarsi e riuscire a dedicare del tempo ai propri interessi.

Se non impari questa regola fondamentale probabilmente potrai arrivare giovane alla pensione, ma guardandoti indietro vedrai solo anni di fatica e sacrifici.

Un arcobaleno brilla dei suoi 7 colori da una punta all'altra: non accettare il grigio per la tua vita.

Se ti rendi conto di non riuscire a rispettare le check list non viverlo come un dramma ma ammetti che devi modificare le tue aspettative.

Cambia strategia e rimodula i tuoi impegni personali e incastrali con quelli professionali.

Basterà aggiungere qualche anno in più alle previsioni di lavoro che ti eri impegnato a rispettare o trovare dei lavoretti extra che ti facciano guadagnare meglio e nello stesso arco di tempo.

Suddividi il lavoro durante tutto l'anno solare: non lasciarti un mese senza far nulla e un altro nel quale, per i troppi impegni non riesci nemmeno a mettere il naso fuori dalla porta.

Se sai che dovrai prendere un lavoro impegnativo o lungo cerca di distribuire meglio gli altri impegni nei giorni o nelle settimane precedenti o successive.

Le check list sono nate proprio per aiutare a distribuire gli impegni nel tempo ed evitare di tenere tutto a memoria.

Fidarsi troppo della propria mente, infatti, oltre a sovraccaricarti di stress, potrebbe far dimenticare particolari importanti, appuntamenti o scadenze.

Le liste, invece, aiutano a fare chiarezza, togliere il disordine e la confusione che si può creare nella tua vita quando unisci le responsabilità di due o più attività professionali con la vita privata.

Non esiste un metodo ideale per creare queste liste ma è importante che trovi la strategia con la quale ti orienti meglio.

Non serve a nulla farti scaricare un software sofisticato pieno di funzioni per te inutili o poco comprensibili.

Se ti torna utile basta anche un quaderno o un qualsiasi programma predefinito sul tuo computer che ti aiuti a disporre gli impegni, distinguere le scadenze e archiviare il lavoro già svolto.

Basta evidenziare con colori diversi le varie attività e disporle in ordine di scadenza per poter avere sempre a vista il proprio obiettivo e monitorare i risultati ottenuti.

Regola 9. Valorizza il tuo tempo e accetta i vantaggi di una vita finanziariamente libera

Arrivati a questo punto della guida, dopo aver letto le nostre regole, dovresti aver chiaro l'obiettivo che devi raggiungere.

Sono evidenti i vantaggi di cui poter godere sposando uno stile di vita più flessibile e meno vincolato a orari di lavoro frenetici.

Alcune persone, però, potrebbero ancora criticare questa scelta ritenendo che il desiderio di essere "finanziariamente liberi" possa aumentare il rischio di restare senza alcuna fonte di guadagno o, peggio, "al verde".

Ma questa paura è assolutamente infondata.

Per poter andare in pensione giovani e vivere felici non devi mai fare un passo più lungo della tua gamba né accettare senza riflettere azioni avventate o pericolose.

Non gettarti da un aereo senza sapere se hai il paracadute in spalla o se non sai effettivamente si possa aprire.

Allo stesso modo non abbandonare un lavoro sicuro senza sapere come farai a mantenerti in futuro.

Questa sarebbe una scelta sciocca e avventata che ti porterebbe a vivere la vita con ansia, stress e aumenterebbe il rischio di povertà.

Devi invece progettare il tuo futuro con previsioni concrete, bilanci economici certi e consapevolezza di saper gestire le tue risorse economiche e solo allora cambiare vita.

Potrai riuscire a vivere una vita veramente spensierata, scegliendo di lavorare quando ne avrai voglia e di fermarti a goderti la vita se in quel momento ne senti il bisogno.

Forse il carico di responsabilità sarà lo stesso, soprattutto se scegli di avere un contratto in part time e accettare mansioni extra nel tempo libero, ma a cambiare sarà la percezione che tu hai della tua occupazione.

Fare il lavoro che ti piace è la fortuna più grande che tu possa ottenere dalla vita ed è per questo che ti inviamo a portare avanti il sogno che tieni ancora chiuso nel cassetto.

Smettere di lavorare ancora giovani vuol dire anche avere la possibilità di viaggiare e di vedere posti nuovi, incontrare persone e aiutare il prossimo.

Quante volte ti è capitato di voler fare un viaggio fuori stagione ma di non avere l'autorizzazione del tuo responsabile aziendale?

Quante volte ti sarebbe piaciuto andare ad ammirare le colorate manifestazioni del carnevale, i mercatini allestiti per Natale o andare dall'altra parte del mondo lontano dalla stagione delle piogge?

Quante volte hai desiderato andare a pescare, guardare la recita dei tuoi figli, andare a trovare un amico che ha bisogno di te o fare una sorpresa alla persona amata?

Quante volte hai assaporato il piacere di pranzare a tavola con la tua famiglia invece che alla mensa aziendale?

Quante volte, con il raffreddore o un fastidioso dolore fisico hai detto "devo andare a lavorare lo stesso" finendo per peggiorare le tue condizioni di salute?

La vita è troppo breve per non essere vissuta in pieno e dire "no" anche una sola volta è già un sacrificio eccessivo.

Nelle grandi città l'orario di lavoro oscilla tra e 9 e le 17 ma se lavori in un negozio o vivi nelle città di Provincia l'impegno può slittare anche fino alle 19 o 20 di sera.

E il tempo per poter vivere, trascorre del tempo con la tua famiglia, gli amici o seguire le tue passioni come lo puoi trovare?

Il filosofo (oltre a tutto il resto) Albert Einstein ripeteva sempre che *"non possiamo pretendere che le cose cambino, se facciamo sempre la stessa cosa. La crisi è la migliore benedizione che può arrivare a persone e Paesi, perché la crisi porta progressi.*

La creatività nasce dalle difficoltà nello stesso modo che il giorno nasce dalla notte oscura. E' dalla crisi che nasce l'inventiva, le scoperte e le grandi strategie.

Chi supera la crisi supera se stesso senza essere superato".

Svegliati e agisci!

Soprattutto se in questo momento stai vivendo una crisi e ti chiedi come affronterai un futuro senza novità o sei rassegnato a non aspettarti più emozioni.

Pensa a te stesso, diventa "egoista" e metti le tue esigenze davanti a quelle di tutti gli altri e vedrai che la vita ricomincerà a sorriderti.

Solo con questa nuova visione della realtà che ti circonda, vivrai in pace con te stesso, libero da tensioni e nervosismi dettati da un'esistenza di "doveri" senza "piaceri".

Cambia il tuo lavoro, il tuo modo di vedere la vita e di guardare chi accanto a te è felice, senza avere il coraggio di agire.

Volere, in questo caso, fa rima con potere.

Cosa aspetti? Non esitare e riprendi in mano la tua vita!

Concludendo...

Questa guida è rivolta a tutti quei lavoratori stufi di seguire degli orari di lavoro rigidi e che lasciano poco spazio al tempo libero da dedicare alla famiglia e ai propri interessi.

Se anche tu ti senti soffocato da questa realtà non accettarla in modo passivo ma abbi il coraggio di uscire fuori dagli schemi e costruirti il tuo futuro.

Ti ho indicato 9 regole che puoi utilizzare come esempio per poter cambiare tutto e trasformare il viso stanco e deluso che vedi ogni mattina allo specchio in uno sguardo sereno e soddisfatto.

Questa è una ricetta generale che va bene per tutti ma devi essere tu a scoprire come metterla in pratica.

Guarda dentro di te e scopri qual è il tuo talento, la tua capacità o il tuo modo di essere.

Sei bravo con i lavori manuali o con quelli creativi? Ti piace essere sempre all'aria aperta in contatto con le persone o ami rimanere chiuso e in silenzio nel tuo appartamento?

Sfrutta le tue potenzialità, le abbiamo tutti ma non sempre le utilizziamo nel modo migliore.

Lascia il tuo lavoro se hai già stilato il tuo piano per il futuro, tracciato le check list e fatto i conti con la calcolatrice.

Pianifica quanto riuscirai a guadagnare con i contributi pensionistici dello Stato, valuta i fondi integrativi privati o gli interessi a lungo termine.

Solo allora potrai dire di aver vissuto il primo giorno della tua nuova vita.

Ma attenzione!

Questa guida non ti sta invitando a mollare tutto e rilassarti comodamente sul divano: questo sarebbe un fallimento.

Ciò che ti sto invitando a fare è cambiare il modo di lavorare per guadagnare quanto ti serve per divertirti, pagare i conti e gestire gli imprevisti.

Rispetta il tuo piano, controlla sempre di aver raggiunto gli obiettivi che ti eri prefissato e metti in atto eventuali modifiche se hai fatto degli errori di valutazione o hai incontrato degli imprevisti.

Il vero guadagno sarà la soddisfazione che avrai quando, anziano, ti guarderai indietro e ti renderai conto di aver vissuto una vita piena di emozioni e soddisfazioni.

ME LO FAI UN FAVORE? ^__^

Questo EBOOK ti è piaciuto? Lasciami una recensione!

Vuoi leggere altri libri come questo GRATIS?

Iscriviti alla mia newsletter: bit.ly/miglioralatuavita

Saprai per primo se ci sono **promozioni** (spesso gratuite!) dei miei libri bestseller e nuove uscite!

Grazie e...a rileggermi! :-)

PL Pellegrino

bit.ly/KindlePellegrino